LES FABULEUX POUVOIRS DE LA PSYCHOLOGIE POSITIVE

Yves-Alexandre Thalmann

De la pensée positive
à la psychologie positive

jouvence
EDITIONS

PsychO
POsitive

Extrait des ouvrages du même auteur

Petit traité de démanipulation publicitaire, 2011
Petit cahier d'exercices pour vivre libre et cesser de culpabiliser, 2011
Petit traité de contre-marketing, 2010
Les trois désaccords, 2010
Petit cahier d'exercices pour voir la vie en rose, 2010
Petit cahier d'exercices pour vivre sa colère au positif, 2010
Petit traité de contre-manipulation, 2009
Petit cahier d'exercices d'entraînement au bonheur, 2009
Au diable la culpabilité, 2009
Le non-jugement, de la théorie à la pratique, 2008

Catalogue gratuit sur simple demande
ÉDITIONS JOUVENCE
Suisse : CP 227 – 1225 Chêne-Bourg (Genève)
France : BP 90107, 74161 Saint-Julien-en-Genevois Cedex
Mail : info@editions-jouvence.com
Site internet : **www.editions-jouvence.com**

ISBN 978-2-88353-649-4

Composition : Nelly Irniger
Couverture : Éditions Jouvence
Crédit photos :
Dessin couverture + intérieur : Jean Augagneur
Fotolia.com : © Alexstar (pierres zen)

Sommaire

À Joseph Murphy,
qui m'a fait tant rêver…

Introduction

Bien entendu, tout le monde sera d'accord avec l'idée qu'il est souhaitable de penser positivement ! Aucun thérapeute, aucun psychologue, aucun coach professionnel, aucun formateur en développement personnel n'affirmera le contraire. Il est préférable de penser positivement plutôt que de s'adonner au pessimisme.

Cependant, derrière ce consensus apparent, solidement ancré dans le bon sens, se cachent quelques malentendus au sujet du terme « positif ». De quoi parle-t-on exactement lorsqu'on évoque la pensée positive ? Se réfère-t-on à la méthode Coué, à un principe universel baptisé Loi d'attraction, à un optimisme indéfectible ? Fait-on allusion à une discipline mentale, une tournure d'esprit, une manière de considérer l'existence ? Il y a en effet de nombreux sens, dont certains difficilement compatibles entre eux, recoupés par l'expression *pensée positive.*

À l'heure actuelle, une nouvelle expression vient encore augmenter la confusion : *psychologie positive.* Cette discipline universitaire, qui tend à occuper une place de plus en plus importante dans les médias, consacre ses efforts exclusivement au bonheur et au bien-être. Qu'est-ce que le bonheur ? Peut-on le mesurer ? L'augmenter ? Notre façon de penser peut-elle modifier notre humeur ? Autant de questions qui entrent dans le cadre de la psychologie positive, avec la particularité que les réponses doivent relever d'expérimentations scientifiques.

Car c'est en cela que réside la force de la psychologie positive : en se basant sur des expériences et des méthodes scientifiques, elle convainc les spécialistes de la psychologie. Grâce à de nombreux travaux rigoureux, elle a acquis ses lettres de noblesse et a droit de cité dans les universités, où elle s'enseigne. Alors que les courants de pensée positive, malgré leur énorme succès populaire, n'ont jamais réussi à dépasser les cercles de développement personnel, suscitant un élan de méfiance chronique de la part des scientifiques, qui s'interrogent toujours sur sa prétendue efficacité.

Malgré leur adjectif commun, la pensée positive et la psychologie positive sont bel et bien différentes. Si les deux visent l'épanouissement personnel et le bonheur, elles préconisent pourtant des chemins distincts pour y accéder. Un même adjectif, deux approches différentes (avec des intersections et des points communs, il faut le reconnaître), deux voies proposées vers l'accroissement de notre bonheur ! Laquelle privilégier ?

Ce petit livre propose d'éclairer les pratiques de pensée positive à la lumière du projecteur de la psychologie positive. Non pas de les critiquer ou de les démonter, mais de leur donner du relief grâce aux connaissances scientifiques sur le bonheur. Tant qu'à faire, mettons toutes les chances de notre côté pour accroître notre bien-être ! Et justement, la psychologie positive propose quelques pistes qui permettent non seulement d'augmenter notre bonheur, mais aussi de comprendre les bénéfices de la pensée positive.

Au final, vous tenez dans les mains un manuel offrant non seulement les clés d'une manière de penser optimiste, mais surtout *les secrets* pour mener une existence plus heureuse.

De la pensée positive…

Qu'est-ce que la pensée positive?

L'expression *pensée positive* est polysémique, à tel point qu'il serait préférable de l'utiliser au pluriel : les courants de pensée positive. En effet, de nombreux auteurs ont développé à ce sujet des idées distinctes et bien spécifiques. Même si ces derniers apparaissent côte à côte sur les rayons des librairies, où ils sont regroupés sous l'étiquette unique de « pensée positive ».

Parmi les pères fondateurs et les ténors de ces courants, citons par exemple :

- Norman Vincent Peale, auteur incontournable qui a largement contribué à la diffusion, aux États-Unis et dans le monde entier, du concept de pensée positive, grâce à des dizaines d'ouvrages. Sa méthode consiste à chasser inexorablement toute pensée négative de l'esprit : les formules doivent être résolument positives, accompagnées de visualisations du résultat escompté comme s'il était déjà atteint.

- Joseph Murphy, auteur prolifique et connu pour son best-seller *La puissance de votre subconscient*, dans lequel il expose une théorie à consonance psychologique pour expliquer les effets de la pensée positive. Une pensée suffisamment répétée ensemence le subconscient (à ne pas confondre avec l'inconscient ou le préconscient freudien) qui tend ensuite à la réaliser. Joseph Murphy a également intégré des notions de spiritualité dans certains de ses ouvrages. Ses libres interprétations de paroles bibliques semblent indiquer que les prophètes du judéo-christianisme, entre autres, connaissaient déjà les mécanismes de la pensée positive.
- Émile Coué, pharmacien français à l'origine des travaux sur l'effet placebo. Il développa une méthode basée sur l'autosuggestion, dont la célèbre formule, à se répéter plusieurs fois par jour : *« Tous les jours, à tout point de vue, je vais de mieux en mieux. »*
- Rhonda Byrne, dont le livre *Le secret* est devenu l'ouvrage de développement personnel le plus vendu à l'échelle de la planète, avec plusieurs millions d'exemplaires écoulés à ce

jour. Sans prétendre inventer quelque chose de nouveau, l'auteur expose le fonctionnement et les vertus de la Loi d'attraction, stipulant que les semblables s'attirent : les pensées positives attirent du positif dans notre vie.

Cette liste, non exhaustive, ne mentionne que quatre noms alors qu'elle pourrait couvrir des pages entières, tant la pensée positive a donné – et donne encore – lieu à une multitude de productions en tout genre : livres, sites Internet (plus de 345 000 sites en réponse à « pensée positive » tapée sur Google, seulement en français), CD d'autosuggestion et de musique, DVD, stages de développement personnel, etc. D'un point de vue commercial, la pensée positive est indéniablement un succès !

Quel est le point commun, ou la racine commune, à toutes ces productions ? L'idée que la pensée est une énergie qui tend à se matérialiser dans la réalité, en attirant ce qui lui est semblable.

Lorsqu'on pense, on émet des vibrations qui interagissent avec d'autres vibrations, celles du monde, de telle sorte que le contenu de nos pensées finit par se manifester concrètement.

Ainsi, celui qui pense régulièrement à la maladie et qui redoute de perdre la santé prépare un terrain propice aux déséquilibres dans son organisme : il crée en quelque sorte la maladie qui l'accablera. De même, celui qui se répète à longueur de journée que personne ne l'aime façonne un avenir de rejet et de solitude. Ou encore, celui qui désespère de ne pas bien gagner sa vie éloigne par ses pensées de pauvreté la prospérité qui pourrait pourtant entrer sans sa vie.

D'où l'injonction généralisée, en pensée positive, à privilégier dans notre esprit le bon côté des choses, c'est-à-dire une vision optimiste de la réalité, car on finit par récolter ce que l'on a semé.

Comment fonctionne la pensée positive ?

Plusieurs explications sont avancées pour comprendre le mécanisme de la pensée positive. Certains auteurs se réfèrent à des maîtres spirituels, issus de différentes traditions ou courants religieux, et invoquent le pouvoir de la prière, parfois même d'entités spirituelles œuvrant à satisfaire nos désirs. D'autres préfèrent la psychologie et argumentent qu'une partie de notre psychisme, le subconscient, agit comme un terreau qui fertilise les graines, c'est-à-dire les pensées, que nous y plantons. D'autres encore intègrent des éléments de théories scientifiques pointues et en vogue dans leurs explications : la physique quantique et les neurosciences servent à donner des bases physico-chimiques aux pouvoirs de la pensée.

La théorie qui remporte le plus grand succès actuellement est celle qui évoque une loi cosmique baptisée la *Loi d'attraction*. De façon simplifiée, elle stipule que la pensée est une énergie et que cette énergie attire à elle ce qui vibre à la même fréquence. En clair, ce que nous pensons avec suffisamment d'intensité se matérialisera dans notre vie. Pour ce faire, les formulations et les visualisations, véritables chevilles ouvrières de la méthode, sont préconisées.

Par exemple, une personne malade qui souhaite guérir est invitée à se représenter son corps en pleine forme. Elle visualise des scènes de sa vie où elle est en parfaite santé, où elle joue avec ses enfants, où elle pratique son sport favori, où elle se rend en vacances dans une destination de rêve, etc. En parallèle, elle chasse ses pensées négatives par des formulations positives qu'elle se répète le plus fréquemment possible : « je suis en parfaite santé », « mon organisme est de plus en plus fort », etc.

La fortune est également un objectif privilégié de la pensée positive. Tout le monde a droit à la richesse, nous dit-on, car la pauvreté n'est qu'une limitation artificielle que certains s'imposent avec leurs pensées. Il s'agit donc de s'imaginer fortuné, de visualiser la splendide maison que l'on rêve d'habiter, la magnifique voiture que l'on aspire à conduire. On se voit distribuer d'énormes pourboires, payer l'addition de repas copieux pour tous nos amis, etc. L'important est de se persuader que cela est en train de devenir vrai.

D'après Émile Coué, la force de l'imagination est « en raison directe du carré de la volonté », ce qui signifie que si l'une entre en conflit avec l'autre, l'imagination l'emporte toujours. C'est pourquoi il est essentiel de visualiser les scènes que nous aimerions attirer dans notre vie, quand bien même elles ne sont pas à l'ordre du jour dans la réalité. Le malade doit s'imaginer en pleine forme, bien qu'il souffre dans son corps. Et même si les pronostics des médecins sont pessimistes, les visualisations doivent continuer de plus belle afin de contrer ces derniers. N'oublions pas que la pensée est illimitée…

Dans ce travail de visualisation, l'imagination doit être secondée par des formules d'autosuggestion. Mais toutes les formulations ne se valent pourtant pas. Il semble, par exemple, que le subconscient n'enregistre pas les négations. Se répéter à longueur de journée : « je ne suis plus malade » serait donc contre-productif et maintiendrait l'état de maladie. C'est pourquoi la pensée positive est appelée positive : elle ne travaille qu'avec des affirmations, jamais avec des négations.

Précisons encore que la Loi d'attraction est décrite comme une loi naturelle, agissant à l'échelle de tout l'univers. En tant que telle, elle n'a aucune volonté propre, comme la loi de la gravitation qui amène les corps à être attirés les uns par les autres. Ainsi, penser négativement attire le négatif dans la vie : celui qui pense maladie, pauvreté, solitude… verra ces états se concrétiser dans son existence. Il est donc impératif de chasser les pensées négatives de son esprit. C'est en cela que la pensée positive s'apparente à une discipline mentale. Elle requiert un entraînement.

En résumé, la pratique de la pensée positive consiste à :

- imaginer ce que nous désirons et nous le représenter comme déjà advenu dans notre vie,
- se répéter, sous forme de formulations positives, ce que nous souhaitons obtenir.

Qu'en disent les psychologues ?

La pensée positive et la Loi d'attraction n'ont pas réussi à pénétrer le sanctuaire des universités, malgré leur succès populaire confirmé depuis des dizaines d'années. Ce n'est pas pour autant qu'elles doivent être rejetées ! De fait, il ne s'agit pas, dans ces lignes, d'argumenter sur l'efficacité de la pensée positive, mais simplement de vérifier ce que les professionnels du psychisme disent à propos de la pensée.

Les psychologues scientifiques considèrent la pensée comme le résultat de l'activité neuronale. Elle met bien en jeu de l'énergie, sous forme d'échanges chimiques et, surtout, de microcourants électriques. Des déplacements d'ions à la surface des cellules nerveuses provoquent des échanges de molécules, appelés neurotransmetteurs, dans les synapses, l'endroit de contact entre les neurones. Ces courants électriques peuvent être mesurés de manière extrêmement grossière, grâce à des électro-encéphalogrammes.

En psychologie, la pensée est vue comme une activité de traitement de l'information. Celle-ci produit bel et bien des effets avérés sur l'équilibre de l'organisme, notamment via la modification de l'équilibre hormonal. Les effets du stress, par exemple, sont bien connus : suite à la sécrétion de cortisol et d'adrénaline, le système nerveux autonome sympathique s'active (palpitations, transpiration, ralentissement de la digestion, etc.), ce qui peut aller jusqu'à la perturbation du système immunitaire ou du métabolisme des graisses sanguines, accentuant à long terme les risques de maladies, notamment cardiovasculaires.

Les psychologues ne considèrent donc pas la pensée comme une énergie magnétique capable d'attirer à elle quoi que ce soit. Elle est le résultat de l'activité des neurones, traite l'information et assure le bon fonctionnement de l'organisme. À l'origine de toutes nos actions, elle a une influence certaine sur le monde et ses objets, mais toujours par l'intermédiaire du corps. Sans ce support matériel, elle n'a aucun pouvoir.

Par contre, les psychologues connaissent une loi de la psychologie sociale (discipline qui étudie les influences des personnes entre elles) qui stipule que les semblables ont tendance à s'apprécier, en accord avec l'adage populaire qui clame : *« Qui se ressemble s'assemble. »* En d'autres termes, *nous sommes attirés* par des gens qui nous ressemblent : c'est parce que nos amis partagent des valeurs essentielles avec nous qu'ils sont nos amis. D'ailleurs, les petites annonces sur les sites de rencontres le confirment : on se décrit soi-même, ses goûts, ses préférences... et on cherche une personne qui correspond à ce descriptif.

Les psychologues admettent une autre influence encore de la pensée : celle qui modifie nos comportements, mais de façon inconsciente. Ainsi, l'effet Pygmalion, du nom d'un célèbre sculpteur de la mythologie grecque tombé amoureux de sa statue. Il a en effet été démontré, par exemple, que les attentes des professeurs par rapport à leurs élèves influencent non seulement leurs résultats scolaires, mais aussi leurs scores à des tests d'intelligence réalisés de façon indépendante. Ceux qui sont considérés comme doués voient leurs performances augmenter alors que ceux qui sont vus comme des cancres connaissent un effet inverse.

Ce phénomène, appelé aussi *prophétie autoréalisante*, s'apparente en quelque sorte aux principes de la pensée positive : à force de croire quelque chose, cela devient une réalité ! Cependant, l'explication se résume aux effets d'attente qui modifient imperceptiblement nos comportements. Et au final, ce sont bien nos comportements réels qui influencent les autres et non pas des pensées immatérielles.

En conclusion, les psychologues ne conçoivent pas la pensée comme quelque chose de magique pourvu de pouvoirs mystérieux, mais comme le résultat de l'activité cérébrale, capable d'influencer les comportements et par ce biais les autres et le monde.

Les zones d'ombre de la pensée positive

En tant que tel, penser positivement, visualiser sa propre réussite, formuler des phrases positives semble dépourvu de contre-indications. En quoi cela pourrait-il nuire à quelqu'un ? Les psychologues ont tout de même identifié quelques écueils de la pensée positive.

◆ *Culpabilisation*

Prétendre que l'on peut attirer à soi la richesse, la santé et l'amour en pensant positivement est certes agréable, mais cela induit une autre conséquence. Lorsque la fortune, la guérison et la félicité conjugale ne sont pas au rendez-vous, c'est la preuve que l'on s'y est mal pris. On n'a pas pensé suffisamment de manière positive et c'est pour cela que les choses ont mal tourné ! Des sentiments de culpabilité en seront donc la conséquence.

La Loi d'attraction ne souffre pas d'exception. Comme toute autre loi naturelle, elle fonctionne toujours de la même façon et donne toujours le même type de résultat. Les semblables s'attirent, un point c'est tout. Ce qui signifie que si la maladie apparaît dans notre vie, c'est que nous avons pensé à la maladie. Nous avons en quelque sorte failli dans notre contrôle mental et la Loi d'attraction s'est retournée contre nous.

Les sentiments de culpabilité sont nécessairement le résultat d'une prise de responsabilités quant à ce qui arrive[1]. D'ailleurs, culpabiliser signifie *rendre responsable*. Ainsi, celui qui s'estime responsable d'un échec ou d'une souffrance se culpabilisera. On ne peut pas se sentir coupable de quelque chose qui échappe à notre responsabilité.

Il y a donc un prix à payer lorsqu'on adhère à la Loi d'attraction. En nous procurant un fabuleux pouvoir sur notre existence, elle nous amène assurément à ressentir de la culpabilité lorsque les choses ne tournent pas aussi bien qu'espéré. Si quelque chose se passe mal, c'est de notre faute car notre pensée n'a pas été assez « positive ».

[1] Voir à ce propos *Au diable la culpabilité!,* du même auteur, Éd. Jouvence, 2009.

◆ *Dissonance cognitive et déni*

La dissonance cognitive est le nom donné par le psychologue Léon Festinger à un mécanisme psychologique que nous expérimentons tous. Il s'agit d'une contradiction entre deux pensées (appelées aussi cognitions) que nous entretenons simultanément. Par exemple, le fumeur qui consomme des cigarettes tout en étant parfaitement conscient que ce geste nuit à sa santé. Cette contradiction se traduit sous forme d'une tension psychique que nous tentons de réduire. Dans le cas du fumeur, la tension est réduite s'il arrête de fumer (ce qui est coûteux en termes d'efforts à fournir) ou s'il se persuade qu'après tout, ce n'est pas si dramatique de fumer. Il vient alors de réduire sa dissonance cognitive.

La réduction de la dissonance cognitive est un mécanisme d'auto-persuasion, le même que l'on retrouve dans la fable d'Ésope du renard et des raisins. N'arrivant pas à attraper les raisins (car sur une branche hors de sa portée) qui, pourtant, lui font très envie, le renard s'en va en disant que de toute façon, ces raisins ne devaient pas être mûrs et donc qu'il n'en avait pas vraiment envie. Et de cela, il est persuadé…

La réduction de la dissonance cognitive peut avoir des conséquences autrement plus fâcheuses. Le malade averti de la gravité de son cas qui affirme que tout va bien et donc qu'il n'a pas à s'astreindre à un traitement douloureux : le mari voyant pertinemment le mal-être de sa femme qui préfère penser que tout va bien et que cela finira par s'arranger ; le joueur au casino qui perd de plus en plus d'argent, mais qui se persuade qu'il se refera et gagnera le jackpot ; etc.

Il n'y a qu'un pas à faire pour passer de la pensée positive à la réduction de la dissonance cognitive. En imaginant l'avenir rêvé, on passe parfois à côté de réalités certes dérangeantes, mais qui peuvent encore être modifiées par des actions concrètes. À condition toutefois de ne pas les nier. C'est là un des reproches majeurs adressé à l'encontre de la pensée positive : encourager le déni de la réalité, et donc ne pas prendre les mesures qui s'imposent.

La pensée positive et la Loi d'attraction n'ont ainsi pas que des côtés bénéfiques sur le plan psychologique. Sans doute est-ce pour cette raison que les psychologues nourrissent une certaine méfiance à leur encontre.

Pensée positive et estime de soi

La pratique de la pensée positive peut parfois se révéler néfaste... pour l'estime de soi et l'humeur.
Des psychologues ont réuni une soixantaine de sujets dont ils ont mesuré l'estime de soi. Chacun devait ensuite noter durant quatre minutes tout ce qui lui passait par la tête. La moitié des participants devaient en outre se répéter « je suis une personne que les gens aiment » lorsqu'ils entendaient une petite sonnerie, toutes les quinze secondes environ. Après quoi, l'humeur de tous les sujets a été évaluée.

Résultat: se répéter en boucle que l'on est une personne appréciée avait légèrement augmenté l'humeur de ceux qui jouissaient d'une forte estime d'eux-mêmes, mais avait sensiblement diminué celle des individus présentant une faible estime d'eux-mêmes.
Il semble donc, même si l'étude est limitée quant au nombre de sujets et surtout quant à la durée du processus (tous les ouvrages de pensée positive plaident pour un entraînement à long terme et un ensemencement progressif et profond du subconscient!), que les autosuggestions positives puissent être contre-productives en termes de bien-être.

L'explication en est simple et se rapproche de nos réactions aux compliments. Habituellement, un compliment nous fait plaisir uniquement si nous estimons qu'il est mérité. Si l'on nous félicite pour un plat que l'on sait pertinemment avoir raté, le compliment sera rejeté, car jugé hypocrite, et il risque de renforcer notre mauvaise humeur. De même, la femme qui vient d'être éconduite par trois amoureux potentiels aura du mal à se convaincre qu'elle est une personne formidable et appréciée de tous… La formule positive « je suis une personne appréciée » réactivera le souvenir des rejets et abaissera par conséquent l'humeur.

Une loi amorale

Les réserves et les critiques adressées à la pensée positive ne proviennent pas uniquement des psychologues, mais aussi des milieux du développement personnel. L'une d'elle souligne que la Loi d'attraction n'est pas morale. Comme loi naturelle, elle amène certains phénomènes à se produire, peu importe s'ils sont souhaitables ou non, à l'instar de la loi de la gravitation qui précipiterait une énorme météorite sur la Terre, quitte à ce que celle-ci soit détruite lors de l'impact ! D'après les lois physiques, ce qui doit arriver arrive, qu'elles qu'en soient les conséquences.

Il se pourrait donc qu'une personne qui visualise sa réussite professionnelle en se voyant au sommet de la hiérarchie de son entreprise entraîne involontairement le décès, par accident, de son actuel patron. Après tout, il aurait obtenu ce qu'il espérait et la Loi d'attraction aurait fonctionné à merveille.

On pourrait aussi imaginer que des formulations positives pour trouver une place où garer notre voiture se traduisent par une soudaine rupture du système de freinage d'un véhicule stationné en pente. Voici une place qui s'est libérée devant nous, mais au prix d'une vitrine emboutie quelques mètres plus loin.

Un « effet papillon » pourrait être évoqué à ce propos. Si le battement d'aile d'un papillon ici peut provoquer une tornade aux antipodes par un enchaînement de causes et d'effets s'imbriquant les uns les autres, alors la pensée positive, en nous attirant ce que nous souhaitons, peut également engendrer des conséquences terribles pour d'autres. Notre réussite et notre satisfaction se feraient ainsi au détriment d'autres personnes, à l'image d'une richesse acquise au prix de l'exploitation des plus démunis ou d'un commerce non équitable avec des pays défavorisés.

Une critique supplémentaire – et non des moindres – peut être mise à charge de la pensée positive. Que se passerait-il si quelqu'un utilisait la Loi d'attraction à notre encontre ? Imaginons une personne follement amoureuse de nous qui commence à visualiser le mariage et des scènes de bonheur conjugal... Même si cette utilisation de la Loi d'attraction n'est pas orthodoxe, on peut aisément se représenter les catastrophes possibles, un peu comme si une arme redoutable tombait dans des mains mal intentionnées.

Bien entendu, la pensée positive ne devrait pas être utilisée pour influencer autrui. Celui qui cherche à combler sa solitude n'est pas censé se visualiser en couple avec une personne connue en particulier, mais plutôt avec *quelqu'un* tout court : « mon âme sœur est en route vers moi » accompagné de visualisation de scène de bonheur à deux, sans qu'un visage ou un nom spécifique soit plaqué sur le partenaire amoureux rêvé.

C'est là qu'apparaît un écueil important de la pensée positive : le but visé n'est pas corrélé à des moyens particuliers pour y parvenir. Ainsi, nos visualisations peuvent effectivement se réaliser, mais en empruntant des chemins de traverse. Exemple : le désir de disposer de plus de temps libre et de ne plus subir de stress peut se réaliser par la perte de notre emploi ou un accident qui nous cloue au lit. Ou alors, nous nous visualisons amoureux et nous rencontrons effectivement le partenaire rêvé, mais celui-ci est déjà marié et nous finissons par avoir sur la conscience un divorce et la destruction d'une famille. Nous demandons à l'Univers (autre tournure fréquemment utilisée par les pratiquants de la Loi d'attraction) un enfant qui sache s'affirmer et voici que notre rejeton prend un malin plaisir à nous contrer sans cesse et à s'opposer à toutes nos décisions quelques années plus tard…

Comme nous ne pouvons contrôler tous les paramètres lors de « notre commande à l'Univers », c'est-à-dire nos visualisations, nous risquons bien d'obtenir ce que nous voulions, mais pas exactement de la façon dont cela arrive. Un peu comme si nous commandions par correspondance un objet et que lors de sa réception, nous nous rendions compte qu'il dispose bien de toutes les caractéristiques décrites, mais d'autres aussi qui n'étaient pas spécifiées lors de l'achat…

> Le problème majeur, avec la pensée positive, ne serait pas que nous n'obtenions pas ce que nous souhaitons, mais justement que nous obtenions ce que nous souhaitons, mais pas exactement de la façon dont nous le souhaitions.

...à la psychologie positive

Partons du principe que la pensée positive et la Loi d'attraction fonctionnent, à savoir que lorsque nous visualisons suffisamment ce que nous désirons, lorsque nous nous autosuggestionnons correctement, nous finissons par obtenir ce que nous désirons. Serions-nous plus heureux pour autant? Pour le savoir, interrogeons les spécialistes du bonheur, les psychologues positifs.

Quelles sont les méthodes de la psychologie positive?

Ce qui caractérise la psychologie positive, ce sont ses méthodes scientifiques. Les résultats qu'elle obtient, les règles qu'elles découvrent, reposent sur des travaux rigoureux qui en assurent la validité à grande échelle: expérimentations et études corrélationnelles sont de mise.

◆ *Expérimentations*

Pour connaître un phénomène, les psychologues scientifiques commencent par émettre une hypothèse qu'ils essayent ensuite de vérifier. Un exemple en serait que « l'argent fait le bonheur ». Dans un deuxième temps, une expérimentation est imaginée afin de vérifier ou d'infirmer l'hypothèse. Pour notre exemple, on distribuerait de grosses sommes d'argent à des personnes et on mesurerait leur degré de bonheur dans les temps qui suivent.

Pour éviter des effets d'attente qui pourraient fausser les résultats, on crée plusieurs groupes de sujets, eux-mêmes sélectionnés sur la base de caractéristiques les rendant équivalents : rien ne devrait permettre de différencier les groupes avant l'expérience. On attribue ensuite des consignes ou un traitement différent, au hasard, à ces groupes. Il importe, dans l'idéal, que ni les personnes chargées d'évaluer les résultats, ni les sujets ne soient au courant du but de l'expérimentation. Comme ni les uns, ni les autres ne sont informés du détail de la procédure, celle-ci est nommée double aveugle.

À l'heure actuelle, l'expérimentation en double aveugle est le passage obligé pour valider l'efficacité d'un nouveau médicament avant sa mise sur le marché. Les patients traités avec la molécule testée doivent manifester des améliorations significatives par rapport au groupe traité avec un placebo, c'est-à-dire une substance sans principe actif (du sucre, par exemple).

On le constate facilement, la démarche scientifique n'est pas une sinécure : elle nécessite des moyens dont habituellement, seuls les centres de recherches et les universités disposent. Ce n'est pas un hasard si les travaux effectués en psychologie positive proviennent essentiellement du monde académique.

Précisons encore qu'en psychologie, l'expérimentation présente tout de même des inconvénients au-delà de la lourdeur de la mise en œuvre. Le premier est son caractère artificiel : les sujets ne sont généralement pas dans leur milieu naturel ou, pour le moins, ne se comportent pas de façon spontanée, ce qui diminue la portée des conclusions obtenues. Comment être certain qu'une fois les sujets revenus à leur mode de vie habituel, hors du laboratoire, sans conscience de participer à une expérience, les résultats obtenus en laboratoire restent valides ? Il est notoire que les personnes conscientes d'être observées modifient, même imperceptiblement, leurs comportements, de la même façon que celui qui se sait photographié n'est plus spontané.

◆ *Études corrélationnelles*

La psychologie positive tente, du moment que cela est réalisable, de réaliser des expérimentations pour valider de façon empirique ses hypothèses. Une telle démarche n'est cependant pas toujours applicable. Par exemple, si l'on souhaite mesurer l'influence du revenu sur le bonheur des gens, il est difficilement envisageable de sélectionner à l'avance des personnes et de s'arranger pour contrôler artificiellement leurs salaires. On se contente alors d'études dites corrélationnelles : on enregistre les données pertinentes d'un grand nombre de sujets, qu'on livre ensuite à des calculs statistiques permettant de conclure à une relation plus ou moins forte entre celles-ci.

Les études corrélationnelles sont évidemment moins contraignantes à réaliser que les expérimentations, pour lesquelles tous les paramètres importants doivent être sous contrôle des chercheurs. Ce dernier point permet de comprendre pourquoi leurs résultats sont moins valorisés par les scientifiques. De plus, une corrélation statistique ne donne pas encore d'indications sur les liens de causalité existants. Affirmer que deux phénomènes sont liés ne dit encore pas lequel pourrait être la cause et lequel la conséquence.

Par exemple, il existe une forte corrélation géographique entre les maladies et les hôpitaux : on retrouve bien plus de personnes malades dans les cliniques que dans le reste des régions habitées. Pourtant, il ne viendrait à l'idée de personne de conclure que c'est parce que l'on se rend à l'hôpital que l'on *devient* malade… Une corrélation n'indique jamais le sens d'une causalité!

Une remarque importante doit encore être mentionnée: en psychologie scientifique, un résultat s'inscrit toujours dans une loi probabiliste et non déterministe. On ne peut jamais prédire assurément comment un individu particulier va se comportera, mais on peut très bien prédire comment un grand nombre le fera, en moyenne. Il s'ensuit que la loi générale et un cas particulier ne coïncideront peut-être pas. Par contre, il est certain que si l'on regroupe suffisamment de personnes, la loi sera vérifiée.

◆ *Questionnaires et tests*

Que ce soit sous forme d'études corrélationnelles ou d'expérimentations, il importe que les données avec lesquelles les scientifiques travaillent soient objectives. Or, quoi de plus subjectif que ce qui intéresse les psychologues: le bonheur, la satisfaction, la souffrance, le malêtre? C'est pourquoi il existe des instruments pour obtenir de l'information la plus objective possible: les tests et les questionnaires. Ceux-ci sont conçus afin d'objectiver et de rendre comparables des variables aussi subjectives que celles qui concernent la vie psychique des gens. En posant les mêmes questions, en limitant le choix de réponses à des catégories fortement spécifiées, par exemple des fréquences (toujours, souvent, rarement, jamais), ces instruments permettent d'obtenir des données plus fiables.

Les psychologues sont des spécialistes de l'élaboration de tests. Cette démarche est elle-même rigoureuse et n'a rien à voir avec les tests que l'on trouve dans les magazines. Les outils mis au point par les psychologues doivent être à la fois fidèles et valides. La fidélité assure que les résultats obtenus restent stables en fonction du temps, alors que la validité traduit l'idée que le questionnaire mesure bien ce qu'il est censé mesurer. Si un questionnaire sur le bonheur ne s'intéressait qu'à la satisfaction conjugale, ce ne serait pas vraiment le bonheur au sens large du terme.

Ainsi, on peut affirmer que ce qui caractérise la psychologie positive, ce sont ses méthodes scientifiques. Les résultats qu'elle obtient et les règles qu'elle découvre reposent sur des travaux rigoureux qui en assurent la validité à grande échelle.

Échelle de satisfaction dans la vie

La SWLS *(Satisfaction With Life Scale)* est un questionnaire permettant de mesurer la satisfaction dans la vie. Il a été mis au point par Edward Diener et ses collaborateurs. Il présente de bonnes propriétés psychométriques, ce qui en fait un instrument fiable[2].

Voici cinq énoncés avec lesquels vous pouvez être plus ou moins en accord ou en désaccord. Pour chacun, veuillez indiquer sur une échelle de 1 à 7 votre degré d'adhésion. Répondez si possible de façon rapide.

Scores

1 Fortement en désaccord
2 En désaccord
3 Légèrement en désaccord
4 Ni en désaccord ni en accord
5 Légèrement en accord
6 En accord
7 Fortement en accord

[2] http://tbims.org/combi/swls/

	1	2	3	4	5	6	7
1 • En général, ma vie correspond de près à mes idéaux.							
2 • Mes conditions de vie sont excellentes.							
3 • Je suis satisfait(e) de ma vie.							
4 • Jusqu'à maintenant, j'ai obtenu les choses importantes que je voulais de la vie.							
5 • Si je pouvais recommencer ma vie, je n'y changerais presque rien.							
Votre score							

Résultats

Plus votre score est élevé, plus vous êtes satisfait de la vie que vous menez. Il semble qu'un score de 20 témoigne d'une satisfaction dans la moyenne. Mais il faut préciser qu'un score de référence pour la population en général ne fait pas de sens, chaque groupe ayant ses propres caractéristiques (pensez à des adolescents ou à des personnes âgées, par exemple).

De piètres devins

Forte de nombreux travaux de recherches sur le terrain (expérimentations, études corrélationnelles), la psychologie positive arrive à cette conclusion choc : nous sommes de piètres devins lorsqu'il s'agit de prédire ce qui nous rendra heureux.

La plupart des gens, par exemple, estiment qu'ils seraient plus heureux s'ils gagnaient davantage d'argent. C'est du reste la raison pour laquelle ils participent à des loteries où les sommes à gagner sont faramineuses.

Les psychologues positifs ont donc demandé à de vastes échantillons de personnes de mettre en relation le degré de bonheur pressenti par rapport aux revenus de manière précise et chiffrée. Dans un deuxième temps, ils ont interrogé des gens aux revenus différents quant à leur degré de satisfaction et ont dressé la courbe réelle. Au final, ils peuvent représenter sur un même graphique la courbe supposée et la courbe réelle, de façon à voir si les deux coïncident.

Voici l'allure que prend un tel graphique :

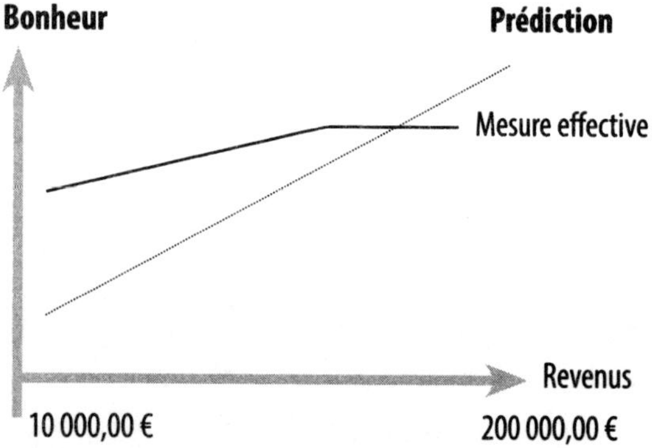

Il apparaît immédiatement que les deux courbes ne se superposent pas ; les prédictions ne reflètent donc pas la réalité. On imagine que le bonheur augmente linéairement avec les revenus alors qu'en réalité, celui-ci est beaucoup moins dépendant de l'argent gagné. De façon plus détaillée, trois conclusions s'imposent :

- nous surestimons le lien entre argent et bonheur,
- nous sous-estimons beaucoup le bonheur des faibles revenus,
- nous surestimons un peu le bonheur des revenus élevés.

Nous avons donc tendance à surévaluer le bonheur que nous vivrions si nos revenus venaient à augmenter. Qu'en est-il du rapport entre aisance matérielle et satisfaction dans la vie ? Les études réalisées indiquent toutes la même conclusion : en synthèse, à moins que nous ne puissions satisfaire nos besoins de base (se nourrir, se loger, se soigner, avoir un minimum de sécurité), l'argent ne contribue que faiblement au bonheur. Autrement dit : l'argent ne fait pas le bonheur des riches, mais il ferait celui des plus pauvres.

Le confort matériel lui-même ne semble pas déterminant. Bien entendu, lorsque nous imaginons perdre ce que nous avons acquis, il nous semble évident que notre degré de bien-être diminuerait. Mais dans ce cas, c'est bien la perte qui est en jeu et non pas le confort en tant que tel.

Demandons simplement à nos grands-parents comment ils vivaient du temps de leur jeunesse : certains ne connaissaient pas la douche ni l'eau chaude sur simple ouverture d'un robinet ; la plupart n'avaient pas de télévision et pour les plus chanceux, quelques années plus tard, des postes avec deux ou trois chaînes, en noir et blanc. La machine à laver le linge n'était encore pas généralisée, les lave-vaisselle réservés aux plus riches. Le téléphone portable, l'ordinateur domestique, la console de jeux, l'ipod et l'ipad étaient encore des gadgets de science-fiction. Et pourtant, nos grands-parents étaient-ils plus malheureux ?

Ils n'étaient pas plus malheureux, car ils ne pouvaient se comparer à ce qui allait advenir dans le futur. De même, nous ne sommes pas malheureux de ne pas disposer d'innovations technologiques qui n'ont pas encore vu le jour. En réalité, le confort matériel joue un rôle dans le bonheur, principalement sous forme comparative et non pas dans l'absolu. Nous pouvons nous estimer moins heureux de ne pas disposer du confort du voisin…, mais nous ne nous estimons pas plus heureux de jouir d'un confort très appréciable en soi, car considéré comme standard dans notre société.

Citons, pour étayer cette conclusion, une étude montrant que malgré l'amélioration des standards de confort durant la deuxième moitié du siècle passé, l'indice moyen de bonheur n'a pas évolué. Ainsi, en 1940, les Américains évaluaient leur satisfaction générale dans la vie à 7,5 sur une échelle allant jusqu'à 10. Un tiers des foyers n'avait ni eau courante, ni toilettes intérieures, ni douche, et seule la moitié disposait d'un chauffage central. De nos jours, malgré les lave-vaisselle, fours micro-ondes, machines à laver, écrans plats, ordinateurs, le score de satisfaction actuel chez les Américains est de… 7,2!

Ce résultat est du reste confirmé par la mise en relation des chiffres du Produit National Brut et des indices de satisfaction de la population. Alors que le premier a plus que doublé, l'autre est resté désespérément plat.

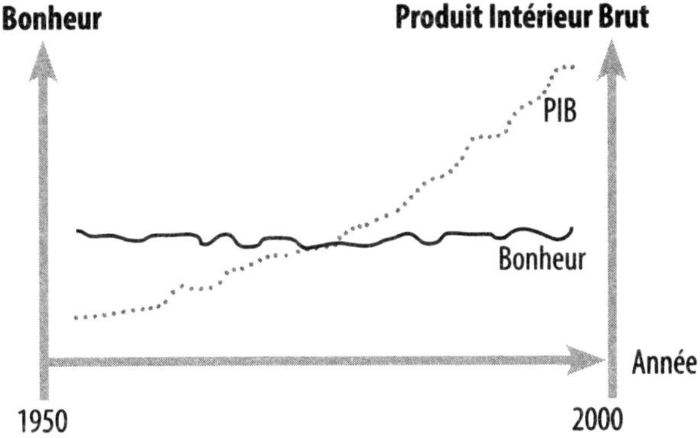

D'autres études montrent qu'une augmentation soudaine et significative d'argent apporte bel et bien un accroissement de bonheur et de grands moments de joie lorsque cela survient, mais que ce bénéfice ne dure pas. Au contraire, il semble que le plaisir ressenti dans les petites choses du quotidien diminue après le gain. Les grands gagnants au loto, on en a la certitude actuellement, ne sont pas durablement plus heureux !

Il apparaît donc que la fortune, l'aisance financière, le confort ou encore les derniers gadgets technologiques ne parviennent pas à augmenter significativement notre bonheur, alors même que la plupart d'entre nous sommes persuadés du contraire. Une des raisons principales tient dans le fait que, lorsque nous imaginons le futur, nous nous focalisons uniquement sur un aspect de la situation en négligeant les autres. Par exemple, avant de nous offrir une voiture neuve, nous imaginons le plaisir éprouvé à la choisir, à la conduire, à pouvoir nous rendre où bon nous semble grâce à elle. Une fois la voiture entre nos mains, nous découvrons aussi la « joie » des embouteillages, les frais d'entretien, les difficultés à trouver des places de stationnement, les pannes, etc.

Plusieurs constats s'imposent grâce aux travaux de la psychologie positive. D'une part, le bonheur ne dépend pas aussi fortement des aspects matériels de la vie, ce qui est réjouissant. D'autre part, nous avons tendance à nous illusionner en imaginant ce qui nous rendra effectivement plus heureux : obtenir ce que nous désirons, en terme matériel, n'est pas gage de satisfaction durable !

Or, l'obtention de ce que l'on souhaite est justement un des arguments préférés des tenants de la pensée positive. Les livres qui promeuvent la pensée positive et l'utilisation de la Loi d'attraction utilisent très souvent la richesse et le confort matériel comme sujet de prédilection. Pourquoi se contenter d'être pauvre alors que la fortune nous tend les bras? Pourquoi conduire une petite voiture alors qu'il existe de magnifiques véhicules de luxe? Pourquoi habiter un petit appartement alors que de splendides demeures ont été construites?

> Si la Loi d'attraction et la pensée positive fonctionnent effectivement et qu'elles nous permettent d'obtenir ce que nous désirons, nous ne serons pas plus heureux pour autant.

Tel est l'éclairage original de la psychologie positive sur la pensée positive: obtenir ce que nous souhaitons ne nous rend pas plus épanouis!

Amour, amis et bonheur

Les biens matériels, pour peu que nous disposions du minimum vital, ne semblent pas jouer un rôle déterminant dans l'équation du bonheur. Parmi les autres prétentions de la pensée positive, l'amour et la santé se partagent les plus hautes marches du podium. Que nous apprennent les études menées en psychologie positive à ce propos de la vie sentimentale?

Les relations affectives jouent effectivement un rôle déterminant dans la satisfaction de vie. Quelles que soient les études réalisées, les personnes en couple apparaissent systématiquement plus heureuses, en moyenne, que celles qui sont seules (célibataires, séparées, divorcées). La cause semble entendue et les raisons assez évidentes : soutien dans les moments difficiles, partage des joies, mise en commun des ressources, création de projets collectifs, meilleure considération sociale, etc.

Cependant, à y regarder d'un peu plus près, les apports décisifs de la vie de couple sur le bonheur semblent surtout limités aux premières années de vie commune[3].

C'est ainsi que des chercheurs ont suivi les mêmes individus dans leur cursus, avant qu'ils ne se mettent en ménage avec l'être aimé et après (on parle alors d'études longitudinales, essentielles à la compréhension des facteurs de satisfaction conjugale). Résultat : le mariage apporte certes un accroissement du bien-être, mais celui-ci ne dure pas, selon l'allure du graphique suivant.

---

[3] Pour les références, voir en fin d'ouvrage.

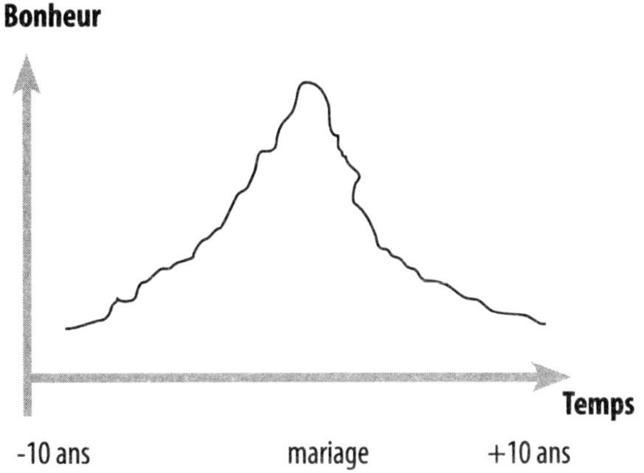

D'autre part, si la vie à deux augmente momentanément la satisfaction de vie, il apparaît que la cohabitation à *plus* de deux tend à la diminuer. La venue d'enfants dans le couple n'est en soi pas un facteur de satisfaction durable. Attention, car beaucoup pourraient s'offusquer de pareils propos. Il ne s'agit pas d'affirmer que les enfants rendent malheureux, mais simplement que dans l'équation du bonheur, ils n'occupent pas une place prépondérante, en tout cas sous nos latitudes.

Pourtant, à écouter les parents, leurs enfants apparaissent comme des rayons de soleil dans leur vie, une source intarissable de bonheur. Mentent-ils ? Négatif, répondent les psychologues positifs. Simplement, la mémoire leur joue des tours. Les parents se souviennent davantage, après coup, des moments délicieux passés avec leur progéniture. Les instants significatifs marquent leurs souvenirs : premiers sourires, premier jouet, première fois qu'ils énoncent « maman », « papa », première dent, premiers dessins, premiers jours d'école, cadeaux de la fête des mères, etc.

Oubliées, les nuits sans sommeil, les lessives trois fois par jour, les odeurs nauséabondes des langes souillés, la période d'opposition où « non » devient le seul mot du vocabulaire, occultés les soucis lors des visites chez le pédiatre, les crises au supermarché face au refus d'un jouet ridicule, les laborieux apprentissages scolaires, les bagarres entre copains, les sorties « à risque », etc. Demandez à des parents d'adolescents à quel point ils sont présentement heureux dans la vie ?

L'amour est certes un facteur de bonheur, mais pas comme nous l'imaginons. On est loin, dans la réalité, de l'image d'Épinal des contes de fées ! Or, que nous claironnent les chantres de la pensée positive ? Visualisez l'âme sœur afin qu'elle apparaisse dans votre existence, dressez-en les caractéristiques souhaitées, attirez-la à vous grâce à vos formulations autosuggestives. Certes, il n'y a pas grand-chose à redire à cette façon de procéder. Mais est-ce que la rencontre avec un partenaire amoureux vous rendra durablement plus heureux ? Momentanément, oui, durablement non !

Car pour être durablement satisfaits dans une vie de couple, il est nécessaire d'y travailler tous deux ! Il ne suffit pas de penser positivement, encore faut-il agir dans le sens d'un maintien de la qualité du lien. Ce que tous les psychologues, positifs ou non, répètent depuis longtemps. D'ailleurs, les ouvrages donnant des pistes pour que la vie à deux soit satisfaisante ne manquent pas[4] !

Diverses études sur les couples, ainsi qu'au sein des équipes professionnelles, ont permis d'identifier un facteur de satisfaction dans la vie commune. Il s'agit du rapport entre les paroles positives et négatives prononcées. Dans le premier groupe se trouvent toutes les félicitations, valorisations, marques de reconnaissances, compliments : « bravo », « je t'apprécie beaucoup », « merci pour ce que tu as fait », etc. Dans le second, les reproches, les critiques, les remontrances, les dévalorisations, les traits d'ironie, les marques de mépris : « tu es nul », « tu ne fais jamais ta part de tâches ménagères », « Monsieur je-sais-tout », etc.

---

4 *Les couples heureux ont leur secret, les 7 lois de la réussite,* de John Gottman et Nan Silver (Pocket Évolution), est sans doute celui qui offre les meilleures pistes tout en se basant sur des études scientifiques solides. Voir aussi : *Garder intact le plaisir d'être ensemble,* Yves-Alexandre Thalmann, Éd. Jouvence, 2009.

Grâce à de savants calculs, les chercheurs ont pu identifier un rapport critique entre les paroles positives et les paroles négatives pour la satisfaction des membres d'un groupe : lorsqu'il y a trois fois plus de positif que de négatif, alors l'épanouissement est au rendez-vous. D'autres travaux suggèrent que pour les couples, ce rapport doit égaler cinq.

Là où la Loi d'attraction nous invite à visualiser notre partenaire idéal et à nous répéter des formulations positives pour l'amener jusqu'à nous, la psychologie positive nous rappelle que l'essentiel, dans la vie à deux, n'est pas tant de trouver un bon partenaire que d'être soi-même un bon partenaire. Et pour cela, il est essentiel de nourrir et soigner la relation, pas seulement en pensée, mais surtout en action, par exemple en exprimant plus souvent les aspects positifs et plaisants du partenaire que les critiques et les reproches.

Un dernier mot concernant les relations affectives : on imagine souvent que la présence d'un partenaire amoureux pourrait nous rendre durablement plus heureux, mais on oublie que les amis jouent également un grand rôle dans notre bonheur. Peut-être même aussi grand, si ce n'est plus, qu'un conjoint. Les études réalisées à ce propos montrent que les personnes ayant plus d'amis se disent plus heureuses : un minimum de cinq vrais amis semble nécessaire ; au-delà de dix, cela ne joue plus de rôle. De plus, c'est surtout la profondeur des discussions avec eux qui fait la différence : les discussions intimes, dans lesquelles on se montre authentique et où l'on parle de soi. Enfin, les amis de longue date pèsent davantage dans la balance du bonheur que les amis récents. Inutile donc de se précipiter sur Facebook !

Les secrets de la séduction

Si les visualisations et formulations positives pratiquées dans le secret de notre esprit peuvent contribuer à attirer l'âme sœur, d'autres comportements se révèlent très efficaces sur le terrain ! Preuves scientifiques à l'appui[5]... Des études ont en effet montré que le regard et le sourire sont les meilleurs atouts dans un processus de séduction.
Le regard, tout d'abord. En effet, un échange de regards entre deux personnes augmente les chances qu'une conversation soit initiée entre elles. Une expérience consistait par

[5] Pour ceux qui désirent connaître les astuces de séduction mises en lumière par la science, voir le fascinant ouvrage *100 petites expériences de psychologie de la séduction,* de Nicolas Guéguen, Dunod, 2007.

exemple à demander à une fille entrant dans un bar de fixer dans les yeux le premier garçon de son âge venu durant une seconde. Puis les chercheurs, mêlés aux autres clients, comptaient le nombre de coups d'œil lancés par ce dernier à la jeune femme, en comparaison avec le comportement des autres hommes dans l'établissement. Résultat : trois fois plus d'œillades de la part de l'individu dévisagé.

La personne en recherche d'amour ne doit pas lésiner sur les regards lancés aux individus qui lui plaisent, sans toutefois être trop pesante ou inquisitrice. Et en même temps, il est conseillé d'afficher une double ration de sourires. En effet, il a été démontré que tout visage est considéré comme plus beau lorsqu'il arbore un sourire. De même, un sourire féminin adressé à un homme augmente significativement la probabilité que ce dernier initie une conversation.

De leur côté, certaines études de psychologie positive ont montré que les femmes qui affichent davantage de sourires ont plus de chances de trouver un mari, d'être heureuses en couple et connaissent moins de risque de rupture (sans compter qu'elles semblent gagner en espérance de vie).

Si vous cherchez l'amour, entraînez-vous à sourire et à regarder les gens. Et si vous optez pour les visualisations, peignez des sourires sur votre visage…

L'adaptation hédonique

Si l'on en croit leurs défenseurs, attirer la fortune ou l'âme sœur semble du ressort de la pensée positive et de la Loi d'attraction. Cependant, le compte en banque rempli ou la bague passé au doigt ne rend pas durablement plus heureux, en tout cas pas autant que nous le pensons, avertit la psychologie positive. Soit! Mais pourquoi?

Pour répondre à cette question, les psychologues positifs se sont penchés sur le cas des événements de vie marquants, dans le sens positif autant que négatif. Ils ont découvert que ces événements ne jouaient pas un rôle aussi important qu'on avait pu le croire.

Du côté positif, nous avons déjà appris que l'élévation des revenus n'apporte pas un surcroît durable de bonheur. Ni le gain soudain d'une grosse somme d'argent, comme en témoignent les grands gagnants du loto! Ni le mariage, ni la présence d'enfants. Ni une opération de chirurgie esthétique, ni un régime couronné de succès avec des kilos envolés. On pourrait allonger cette liste, toujours avec le même constat: des événements pourtant souhaités, qualifiés communément d'heureux, n'ont pas le pouvoir de nous rendre plus satisfaits de notre vie.

Inversement, du côté négatif, tout n'est pas aussi noir qu'il n'y paraît au premier abord. Ainsi, des personnes victimes d'accidents et ayant perdu l'usage de membres ou de fonctions corporelles affirment être tout autant, si ce n'est plus, satisfaites de leur vie après l'événement. Idem pour les maladies dégénératives, telle la sclérose en plaques (« ma vie n'a jamais été aussi heureuse que depuis que l'on m'a annoncé le diagnostic », témoignait récemment une malade). Cas isolés? Exceptions négligeables? Non, à croire les psychologues positifs qui ont même forgé un terme pour rendre compte de ce phénomène: *la croissance post-traumatique.*

Une étude réalisée au Canada a montré que 70 % des personnes trouvent un sens à une perte significative, alors que 80 % arrivent même à y dégager des bénéfices, comme avoir grandi personnellement, s'être rapproché de leur famille, avoir gagné une autre perspective de l'existence ou avoir appris quelque chose d'essentielle sur la vie qu'elles désirent faire bénéficier à d'autres.

Comment comprendre qu'un événement heureux n'arrive pas à nous rendre plus épanouis et qu'un événement tragique ne parvienne pas à miner définitivement notre joie de vivre? Les psychologues positifs répondent simultanément à ces deux questions avec le même concept: *l'adaptation.*

Notre cerveau est conçu pour s'adapter à ce qui arrive, si bien qu'après quelque temps, les nouvelles circonstances sont assimilées et deviennent la nouvelle normalité.

Ainsi, le gagnant d'une forte somme d'argent peut augmenter son confort, s'offrir des objets de luxe, s'acheter une belle maison, etc. Au début, le changement lui procurera des émotions agréables, mais bientôt, il s'adaptera à sa nouvelle condition. Son train de vie aura augmenté, certes, mais il ne sera pas plus heureux pour autant, puisque tout cela deviendra normal. Le souvenir de sa condition antérieure sera oublié.

De même, la personne qui se retrouve dans une chaise roulante voit sa vie chamboulée. Mais une fois le choc passé, pour autant qu'elle ait fait le deuil de sa mobilité, elle s'adaptera à sa nouvelle condition. Son quotidien sera certes différent, sans doute plus compliqué, mais elle ne sera pas forcément plus malheureuse qu'avant. N'oublions pas qu'une personne paraplégique n'est pas paraplégique *à plein-temps*: lorsqu'elle lit, savoure un film sur le petit ou le grand écran, partage une discussion passionnante avec ses amis, elle ne se vit pas comme paraplégique ; elle éprouve le même plaisir qu'une personne valide à ces moments-là. Son attention n'est pas en permanence obnubilée par son handicap… C'est ce qui explique que l'état de santé, au final, ne joue pas un rôle majeur dans le bonheur que nous ressentons au jour le jour (sauf dans le cas de douleurs chroniques qui se rappellent constamment à nous).

De façon générale, nous nous adaptons aux choses plaisantes, si bien que le plaisir éprouvé tend à diminuer avec le temps. Les psychologues positifs ont baptisé ce mécanisme *adaptation hédonique*, en lien avec ce que les personnes toxico-dépendantes connaissent toutes : la même quantité de substance procure de moins en moins d'effets (il y a accoutumance).

Ce mécanisme est à l'œuvre dans nos vies et nous pouvons le déceler dans de nombreuses situations. Ainsi, le plaisir qu'un enfant éprouve lorsqu'il reçoit un cadeau se retrouve rarement chez l'adulte ; la joie à l'achat d'une voiture n'est jamais aussi intense que lors de l'acquisition de notre premier véhicule, quand bien même les suivants sont plus luxueux ; les repas gastronomiques perdent de la saveur avec l'âge ; etc.

D'ailleurs, l'adaptation hédonique agit aussi à court terme : le plaisir de manger une crème glacée diminue à chaque lapée: la première bouchée est un véritable enchantement, alors que la dernière confine presqu'à l'écœurement. De même avec une boîte de pralinés: gare à celui qui abuse de ces douceurs, car le plaisir du début peut rapidement tourner à la nausée...

Il apparaît donc que non seulement nous sommes de piètres devins lorsqu'il s'agit d'anticiper ce qui nous rendra heureux, mais de plus que nous sommes de médiocres jouisseurs de ce que nous avons effectivement. Ce sont du reste certainement les deux faces d'une même réalité...

Le bonheur ne se trouve pas durablement dans ce que nous sommes capables d'obtenir, puisque nous nous y adaptons au point de perdre conscience du bienfait que cela représente et que le plaisir a tendance à s'atténuer avec le temps. Le chemin de la satisfaction de nos souhaits, de l'obtention de biens matériel mène donc à une impasse, si ce n'est au cercle vicieux de nouveaux désirs à satisfaire. Y aurait-il une accoutumance à la pensée positive?

Les auteurs qui prônent la pensée positive et l'utilisation de la Loi d'attraction ne se trompent *peut-être* pas sur le fait que nous puissions, grâce aux visualisations et formulations positives, obtenir ce que nous souhaitons. Mais ils se trompent certainement en affirmant que cela nous rendra plus heureux !

Grâce à des travaux rigoureux, les psychologues positifs ont réussi à mettre en lumière que certaines choses n'ont pas le pouvoir de nous rendre durablement plus heureux : la fortune, la rencontre de l'amour, la santé, la beauté, etc. Ils expliquent ces résultats grâce aux mécanismes d'adaptation de notre cerveau. Mais ils ont été plus loin : ils ont découvert ce qui rend effectivement plus heureux…

Les stratégies de bonheur

Sur la base de nombreux travaux rigoureusement menés, la psychologie positive est arrivée à la conclusion que certains éléments n'exercent qu'une modeste influence sur le bonheur. La richesse, le confort matériel, le mariage, les enfants, la beauté, voire la santé, ne sont pas aussi déterminants que la plupart des gens se l'imaginent.

Par contre, elle a identifié un certain nombre d'agissements qui augmentent le bien-être de manière efficace. Ces comportements, car il s'agit non seulement de prises de conscience, mais aussi de pratiques, s'articulent autour de quatre grands thèmes : la gratitude, la générosité, les plaisirs du quotidien et l'optimisme. Rien de bien spectaculaire à première vue, mais des conduites terriblement puissantes si on les maintient sur le long terme…

Le bonheur n'est en effet pas un état de béatitude stable, atteint une fois pour toutes. C'est plutôt une dynamique qui connaît des hauts et des bas, mais avec globalement plus de hauts que de bas. On pourrait également dire qu'il s'agit plus d'un cheminement que d'une destination atteinte une fois pour toutes.

Le secret du bonheur se cache dans un état d'esprit, une conscience particulière du quotidien, assortie d'agissements et de comportements spécifiques qui servent de dynamisants. Et c'est bien l'action en elle-même et le plaisir de l'effectuer – et non pas son résultat – qui compte le plus dans cette quête. Comme le rappelle le slogan des jeux olympiques, la participation importe davantage que la victoire !

Gratitude

Les psychologues positifs cherchent-ils à nous donner des leçons de morale ? Veulent-ils nous rendre plus vertueux ? Non, ce n'est pas leur but. En tant que scientifiques, ils relèvent uniquement que certains comportements nous font du bien et accroissent notre bien-être. La gratitude en est un. Et qui plus est particulièrement efficace !

Les gènes du bonheur

Qu'est-ce que la génétique vient faire dans le bonheur? Existe-t-il un gène du bonheur? La réponse est clairement négative. En revanche, les chercheurs ont identifié un promoteur du gène 5-HTT comme jouant un rôle crucial dans le bonheur. Un promoteur est une partie du gène, une petite séquence dont le rôle est de réguler la fréquence à laquelle l'information contenue dans le gène est utilisée. Si l'on compare le gène à un plan, le promoteur indique combien de fois il faut construire l'objet dessiné. Le promoteur du gène 5-HTT est impliqué dans le transport de la sérotonine, un neurotransmetteur en lien avec l'humeur: il en gère la concentration cérébrale. Or, ce promoteur existe sous deux formes, appelées aussi *allèles*: la forme longue est associée à une grande production de sérotonine alors que la forme courte commande une production réduite de ce neurotransmetteur. De plus, nous possédons tous deux copies de ce gène, l'une héritée de notre mère et l'autre de notre père. Si bien que trois cas de figure se présentent: deux versions courtes, deux versions longues, une courte et une longue. Des recherches ont montré que, face à des événements traumatisants, les héritiers de deux versions longues connaissent moins de dépressions que ceux qui disposent de deux versions courtes. Les porteurs du double allèle long, que l'on pourrait nommer *gros transporteurs de sérotonine,* résistent aussi mieux au stress et

aux malheurs, alors que les autres ont tendance à réagir davantage par des émotions désagréables, tristesse, anxiété, colère.
Fort heureusement, si la génétique distribue les cartes, il nous reste la liberté de bien jouer la partie... Pour illustrer ce propos, considérons le cas des populations scandinaves, dont on sait qu'elles arrivent régulièrement en tête des classements internationaux de bonheur. Il se trouve que dans ces pays, la proportion de petits transporteurs de sérotonine est prédominante, due à une anomalie génétique : certains individus ayant des yeux bleus très clairs dégradent en effet mal un acide aminé, ce qui influence négativement le cycle de la sérotonine. On devrait donc s'attendre à des populations moins heureuses en moyenne.
Les Scandinaves ont cependant compensé cette vulnérabilité neurobiologique par l'organisation de leurs sociétés, qui accordent une grande importance à l'épanouissement des individus, notamment avec un système d'éducation visant à accroître la confiance et l'estime de soi des jeunes. Les pays nordiques viennent souvent en tête des classements en ce qui concerne l'intelligence scolaire ; le nombre des suicides adolescents a chuté...
Comme quoi la génétique n'est pas tout et notre marge de manœuvre est importante... surtout lorsqu'il est question de bonheur.
De nombreuses expériences confirment que l'expression de la gratitude est une stratégie par excellence pour atteindre le bonheur.

Il apparaît en effet que les personnes qui expriment régulièrement leur gratitude à autrui ou qui la consignent dans un journal personnel voient leur bonheur s'accroître. Pourquoi en est-il ainsi ? Dans nos existences, il y a forcément des choses que nous apprécions et d'autres qui nous contrarient ou qui nous frustrent. C'est inévitable, tout ne se déroulant pas de façon idéale à nos yeux. Il y a donc de multiples occasions de contester, de critiquer, de râler et de se plaindre. Mais en focalisant notre attention sur ces éléments, nous voyons notre humeur chuter et notre joie de vivre diminuer. Le cercle vicieux est alors enclenché : une humeur triste nous amène à porter davantage attention à ce qui la renforce, et ainsi de suite. On en viendrait presque à oublier le reste…

À côté de tous ces éléments contrariants et attristants – qui existent, rappelons-le –, il y en a d'autres plus réjouissants. Les personnes qui les prennent aussi en considération s'en réjouissent et constatent que leur bien-être augmente. Il s'agit donc de choisir à quoi nous allons porter notre attention. Si nous optons pour tous les bienfaits et les privilèges dont nous jouissons, notre satisfaction par rapport à la vie augmentera. L'esprit de gratitude est la conséquence de cette prise de conscience.

Non seulement la gratitude fait du bien à celui qui l'éprouve, mais elle nourrit également celui qui la reçoit. En effet, le destinataire d'un message de gratitude voit son besoin de reconnaissance momentanément comblé, en plus d'être valorisé pour ce qu'il est ou ce qu'il a fait : « je te remercie de m'avoir aidé », « je suis content que tu sois là », « je voulais te dire à quel point tu comptes à mes yeux »…

L'esprit de gratitude est donc encensé par la psychologie positive. Cette attitude est aussi présente, quoiqu'indirectement, dans les courants de pensées positives. Il s'agit alors de remercier pour ce que l'on souhaite obtenir comme si nous l'avions déjà obtenu. L'idée est que si nous manifestons l'émotion correspondant à l'événement souhaité, celui-ci se produira par les vertus de la Loi d'attraction.

La pensée positive et la Loi d'attraction sont habituellement utilisées afin d'obtenir ce que nous souhaitons. De fait, elles s'apparentent à des demandes, sans doute formulées de façon très particulière, mais des demandes quand même. En tant que telles, elles s'inscrivent dans une logique de manque, même si elles prônent et revendiquent l'abondance. On demande ce que l'on n'a pas ; on remercie pour ce que l'on a.

En ce qui concerne le bonheur, la pratique de la gratitude est plus favorable que les visualisations positives. Le slogan de la psychologie positive pourrait donc être : *remercier plutôt que demander !*

Générosité

« Celui qui contribue au bien-être d'autrui en tire tant de bénéfice personnel que, à mes yeux, il n'y a pas plus égoïste qu'un geste généreux. » Telle est la conclusion paradoxale de Tal Ben-Shahar, professeur de psychologie positive à l'Université de Harvard[6]. Force est d'admettre que l'altruisme s'accompagne d'émotions agréables et qu'il nourrit une image positive de celui qui le pratique. Celui qui se montre généreux ne fait donc pas seulement du bien aux autres, mais aussi à lui-même. Ce bien-être est la récompense directe de son geste.

Ces affirmations ne sont pas que théoriques. Les psychologues positifs ont par exemple pu établir que plus une personne dépensait d'argent pour les autres (cadeaux, invitations au restaurant, dons à des œuvres caritatives, etc.), plus elle se déclarait heureuse. Parallèlement, les dépenses

---

[6] *Apprendre à être heureux*, Belfond, 2010, p. 90.

Le cahier de gratitude

En pensée positive, il est conseillé de créer un cahier avec des images de ce que nous souhaitons, comme support de visualisation, afin d'en imprégner le subconscient.
En psychologie positive, on a remarqué que la tenue d'un cahier de gratitude augmentait significativement le bien-être.

Si vous souhaitez reproduire le protocole type d'une expérience visant à mesurer les effets de la gratitude, procédez comme suit : tout d'abord, prenez soin d'évaluer votre degré initial de bien-être (par exemple sur une échelle de 1 à 10). Ensuite, achetez-vous un petit cahier personnel et astreignez-vous à y noter, trois fois par semaine, des motifs de gratitude. Pour quelle raison pouvez-vous être reconnaissant ? Par exemple le service que vous a rendu un collègue, l'existence de transports en commun, le fait de pouvoir manger à votre faim, la fidélité de vos amis, etc.
Évaluez régulièrement votre niveau de bien-être pour constater les bienfaits de l'exercice à mesure que vous le pratiquez.

à fins personnelles (sorties, loisirs, cadeaux pour soi) n'ont révélé qu'un lien ténu avec le sentiment de bonheur.

Il est également avéré que les activités bénévoles, par exemple auprès d'œuvres caritatives, contribuent à atténuer les symptômes dépressifs et à consolider les sentiments de bonheur et d'autosatisfaction. C'est ce qui pourrait expliquer pourquoi les personnes qui exercent un métier d'aide se disent plus heureuses, tels les instituteurs, les psychologues, les pompiers, etc. Le don et la générosité contribuent clairement à nous rendre plus heureux. C'est pourquoi la psychologie positive nous invite à nous montrer altruistes et charitables.

Quel est le principe actif de la générosité ? Pour donner, il faut être conscient d'avoir à donner. Que ce soit du temps, de l'argent, des services, celui qui accepte de donner sans contrepartie prend conscience de ce dont il dispose. Il se rend compte, d'une certaine façon, de l'abondance qui l'accompagne. C'est ainsi que certaines personnes pourtant pauvres se montrent généreuses et découvrent qu'elles ont d'autres richesses à partager.

> La logique du don est celle de l'abondance et du partage, l'inverse de celle du manque et de l'accumulation de richesses.

Or, force est de constater que si la générosité n'est pas exclue des pratiques de pensée positive, elle n'en constitue pas non plus le cœur. Les visualisations et les formulations sont centrées sur soi, rarement sur les autres. Elles visent précisément l'accumulation de richesses et l'augmentation du train de vie, pas vraiment le partage et la prodigalité. S'imaginer riche de ce que l'on donne n'est pas une image privilégiée dans les visualisations. Dans ce sens, la pensée positive n'aide pas directement à augmenter le bonheur.

Donnez pour être heureux

Il n'y a pas de corrélation nette entre le bonheur et l'argent. À l'exception des personnes ne pouvant pas combler leurs besoins vitaux, gagner davantage n'augmente pas la satisfaction dans la vie.
Cependant, il existe un moyen d'accroître son bien-être avec l'argent. Il suffit de le distribuer! En effet, ceux qui donnent en tirent un grand bénéfice en terme de bonheur. Cela a été démontré avec des étudiants auxquels on a distribué 20 euros, avec la consigne soit de la dépenser pour faire plaisir à autrui, soit pour leur propre plaisir. Au final, seuls ceux qui avaient contribué au plaisir d'autrui ont vu leur sentiment de bien-être augmenter.
Pour être heureux, donnez autour de vous...

Plaisirs

Le plaisir a été diabolisé dans de nombreux courants religieux : il détournerait les hommes de ce qui élève l'âme, les rendrait esclaves de leurs pulsions, les conduirait à la débauche et à la perdition... Pourtant, les plaisirs sont au cœur de la vie ; ils en constituent une source de motivation indéniable. L'absence de plaisir, au contraire, est ce qui caractérise la dépression...

C'est pourquoi la psychologie positive conseille de se réconcilier avec les plaisirs. Mihaly Csikszentmihalyi[7], figure de proue de la psychologie positive, affirme que « *la première chose à faire pour améliorer la qualité de sa vie quotidienne, c'est donc de s'inventer des activités qui soient vécues de façon aussi gratifiante que possible. Cela paraît simple, mais les habitudes et la pression sociale engendrent une telle inertie que les gens ne savent même plus distinguer ce qu'ils aiment faire de ce qui les fatigue et les déprime.* »

Aussi, renouer avec le plaisir et les activités agréables est l'une des cibles prioritaires de la thérapie cognitive et comportementale de la dépression. Le patient réapprendra progressivement à s'engager dans des activités qui lui procurent du

---

[7] Mihaly Csikszentmihalyi, *Mieux vivre, en maîtrisant votre énergie psychique,* Pocket Évolution, 2008, p. 56.

plaisir et, grâce à elles, retrouver de la motivation. Mais c'est également un objectif valable pour chacun d'entre nous.

De fait, le plaisir intervient comme composante principale dans la plupart des définitions du bonheur répertoriées en psychologie positive. Difficile de se sentir heureux sans émotions agréables, sans moments de joie et sensations de plaisir! De plus, le plaisir joue le rôle de récompense, sous forme de sécrétion d'endorphines (sorte de morphine naturelle), à de nombreuses activités, notamment celles qui sont utiles pour la survie de l'individu et de l'espèce: le plaisir sexuel soutient la reproduction (l'orgasme semble l'un des plaisirs les plus intenses que le corps puisse éprouver), le plaisir de manger permet de maintenir la santé de l'organisme, le plaisir de communiquer assure la vie en commun, etc.

Le plaisir a été programmé dans le cerveau pour indiquer les activités qui sont favorables à l'organisme. De façon plus pointue, il sert à indiquer la satisfaction des besoins qui nous animent, de même que la douleur fonctionne comme signal inverse. Il est donc non seulement utile, mais carrément indispensable au bon fonctionnement de l'organisme et du psychisme.

Cependant, il existe un mécanisme, du nom d'*adaptation hédonique,* qui contre les effets du plaisir en diminuant son intensité avec le temps. En clair, ce qui fait plaisir fait de moins en moins plaisir avec la répétition. Sans doute est-ce aussi un mécanisme utile, puisque la dépendance aux plaisirs représente un risque réel et non négligeable, comme en témoignent les personnes toxico-dépendantes, enfermées dans une recherche sans fin de plaisirs artificiels.

Face à l'adaptation hédonique, la psychologie positive préconise de multiplier et de diversifier les petits plaisirs du quotidien : faire une balade dans la nature, écouter le chant des oiseaux, s'offrir une grasse matinée ou un bain aux huiles parfumées, apprécier un bon repas au restaurant, s'autoriser une sieste, lire un bon livre ou visionner un film captivant, bricoler, créer, jouer d'un instrument, écouter son disque favori, faire l'amour, inviter des amis, etc. Ainsi, le plaisir sera toujours au rendez-vous dans une journée, pour peu que nous y prêtions de l'attention.

Il serait erroné de penser que le plaisir n'est présent que dans la détente et lorsque nous pouvons apprécier des sensations agréables. Il apparaît aussi lorsque nous pratiquons certaines activités pourtant exigeantes.

Les défis mettant en œuvre des compétences particulières, nécessitant de la concentration, présentant un but clair et dans lesquels nous nous engageons volontairement, sont générateurs de moments intenses vécus sur le mode du plaisir.

Durant ces moments particuliers, nous oublions nos préoccupations, la conscience de nous-mêmes (celle qui nous amène à nous observer de l'extérieur, à nous demander ce que penseraient les autres en nous voyant) disparaît, la course du temps est mise entre parenthèses. Nous sommes alors entièrement à notre affaire, concentrés, avec l'impression d'être spécialement vivants. Une fois l'activité terminée, nous nous sentons bien, remplis, apaisés.

Ces expériences ont été baptisées *expériences optimales* ou *flux*. Les moments de flux peuvent se déclencher dans toutes sortes de situations, pour autant qu'un défi soit au rendez-vous et que de la concentration soit nécessaire. Ils surviennent lorsque nous nous engageons dans nos passe-temps favoris, bien sûr, mais aussi lors de nos activités professionnelles, du moment qu'elles sont suffisamment captivantes pour éviter l'ennui et pas exagérément pressantes pour échapper au stress et à l'anxiété. Comme nous pouvons associer les moments de flux à des instants de grâce où tout donne l'impression de couler, où nous nous sentons particulièrement vivants, il en résulte que flux, plaisir et bonheur se conjuguent ensemble dans l'univers professionnel.

Sur la base de nombreuses recherches, la psychologie positive a pu conclure que les activités de flux sont principalement vécues au travail. Et c'est bien puisque nous passons, pour la plupart d'entre nous, environ la moitié de notre temps de veille au travail. C'est donc une erreur que d'attendre les week-ends, les vacances ou la retraite pour être heureux. Au contraire! Engageons-nous dans un métier qui soit captivant à nos yeux, qui ne soit pas trop facile, qui exige de la concentration, qui fasse sens à nos yeux, et nous serons heureux de l'exercer (plutôt que de viser avant tout une haute rémunération, quitte à s'ennuyer). De même, recherchons les défis et les activités suffisamment exigeantes dans le quotidien afin de multiplier les moments de flux.

Le chemin que propose la psychologie positive pour augmenter le bien-être encourage surtout à prendre plaisir aux activités quotidiennes et à générer des moments de flux, plutôt que de viser des résultats, tels que succès, réussites professionnelles, reconnaissance, richesse, ou célébrité... En ce sens, elle ne confirme pas les prétentions de la pensée positive.

Optimisme

La pensée positive et l'optimisme sont deux notions souvent confondues. Pour beaucoup, elles sont même synonymes. Rappelons que si la pensée positive encourage à considérer le verre à moitié plein plutôt qu'à moitié vide, c'est-à-dire à positiver, son véritable propos est d'attirer des choses positives dans notre vie, l'idée clé étant que nos pensées agissent comme des aimants.

L'optimisme, au sens psychologique du terme, se réfère à une façon de considérer les événements. Un style de pensée optimiste et un style pessimiste sont définis de manière très précise qui a trait à la théorie des attributions.

Lorsque nous sommes confrontés à n'importe quel événement, nous émettons des hypothèses pour essayer d'en cerner la cause. Nous fabriquons alors des attributions causales. Par exemple, si un ami ne se présente pas à l'heure au rendez-vous fixé, nous supposons qu'il a oublié, qu'il a été retardé ou qu'il est fâché contre nous. La nature des attributions que nous imaginons habituellement sert à identifier les styles optimiste et pessimiste.

D'après Martin Seligman, considéré comme le père de la psychologie positive, les attributions causales qui ont un effet sur notre bien-être sont celles qui donnent des explications à nos échecs et à nos réussites.

Imaginez que vous venez de rater une recette de cuisine, alors que la procédure est décrite en détail dans le livre que vous avez utilisé et qu'elle était annoncée comme facile. Pourtant, le plat est un désastre! Que vous dites-vous à ce moment précis? Certaines personnes penseront: « je suis nul, je ne sais même pas cuisiner un plat élémentaire », alors que d'autres privilégieront une explication du type: « pas de chance, un des ingrédients ne devait pas être frais... »

Après des dizaines d'années de recherche sur la dépression, Martin Seligman en est arrivé à la conclusion que la première façon d'expliquer votre échec (« je suis nul ») alimente les sentiments dépressifs et sape notre motivation. Elle définit le style pessimiste.

> Face à un échec ou une déconvenue, le style pessimiste consiste à attribuer une cause à ce qui est arrivé qui est à la fois propre à la personne (ou interne), stable dans le temps, c'est-à-dire qui ne varie pas, et générale, qui s'applique donc à d'autres situations.

En voici quelques exemples: « Je suis nul » en est la plus parfaite illustration: à la fois interne (je suis la cause de l'échec), stable (je suis nul depuis toujours et cela ne changera pas) et générale (je suis nul en tout).

Dans la même situation, le cuisinier malheureux qui se dit « je suis nul *en cuisine* » améliore son sort, puisque l'attribution devient spécifique à la cuisine et non pas applicable à tous les domaines. « Je ne suis pas en forme aujourd'hui » n'est plus qu'interne, mais est devenu temporaire et spécifique, donc plus optimiste. Enfin, « les ingrédients ne devaient pas être frais » est une attribution à la fois externe, temporaire et spécifique. C'est donc celle qui ménage au mieux le moral.

Il est ainsi possible d'apprendre à penser de façon optimiste. Dans les situations d'échec, il faut s'entraîner à émettre des attributions externes, temporaires et spécifiques, alors que dans les cas de réussites, c'est l'inverse: des attributions internes, stables et générales seront les plus bénéfiques (« j'ai réussi cette recette, car je suis doué de mes mains »).

Les travaux de Seligman ont montré qu'un tel apprentissage était possible et qu'il portait ses fruits dans la durée. Cette stratégie est du reste mise à contribution dans la psychothérapie moderne[8] utilisée contre la dépression.

---

[8] Thérapie cognitive et comportementale, par opposition à la psychanalyse.

Néanmoins, il ne s'agit pas de rejeter la responsabilité de tous nos échecs et de s'attribuer tout le mérite pour les choses positives qui arrivent dans notre existence! Auquel cas, la réduction de la dissonance cognitive ne serait pas loin… Cette théorie nous parle d'un style d'attribution, c'est-à-dire d'une façon habituelle de penser les causes des échecs et des réussites.

Il n'est pas plus réaliste de s'attribuer la cause de toutes les réussites que de s'attribuer celle de tous les échecs. Le problème réside dans la surgénéralisation. Dans la réalité, la nuance est de mise: certaines réussites nous incombent, alors que d'autres relèvent de la chance ou de l'intervention d'autres personnes. De même pour les échecs. Avec le style optimiste, nous acceptons de reconnaître notre influence dans nos succès.

L'optimisme, tel que défini par Martin Seligman, peut s'entraîner et il aide à corriger certaines pensées dépressives. Il ne vise pas une positivation à outrance, un rejet, voire un déni des éléments négatifs de l'existence. De fait, la répétition de formulations positives sur le modèle de la méthode Coué n'a donné aucun résultat significatif sur le bien-être dans les recherches menées à ce sujet.

S'efforcer de voir du positif partout ne présente au final qu'un intérêt réduit en ce qui touche au bonheur. Ce qui importe vraiment, nous dit la psychologie positive, c'est ce que l'on se dit en cas d'échec et de déconvenues. Ce n'est pas la pensée positive, mais bien la pensée « non négative » qui fait la différence…

Les bienfaits de la pensée positive

La Loi d'attraction et la pensée positive promettent d'obtenir ce que nous souhaitons, pour peu que nous utilisions correctement les ressources de notre psychisme. La psychologie positive, pour sa part, atteste sur la base de recherches scientifiques qu'obtenir ce que nous désirons ne nous rend pas plus heureux. Elle démontre que nous pouvons effectivement travailler à augmenter notre bien-être, mais par des pratiques régulières et peu spectaculaires, telles que la générosité, la gratitude, l'optimisme et l'appréciation des petits plaisirs du quotidien.

Là où la pensée positive nous promet le succès, c'est-à-dire l'obtention de ce qui nous manque, la psychologie positive nous invite à apprécier ce que nous avons et ce dont nous jouissons déjà, ce qui constitue l'essence du bonheur.

Les techniques de visualisation et les formulations positives sont-elles pour autant à rejeter? Ne favorisent-elles pas notre épanouissement? À vrai dire, elles peuvent tout de même jouer un rôle important dans notre bien-être. Non pas en nous permettant de combler nos désirs, mais en occupant notre esprit et en focalisant notre attention sur des éléments constructifs.

Vues sous l'angle d'activités psychiques parmi d'autres, les visualisations et les formules positives – telle la méthode Coué – apportent effectivement un surcroît de bonheur. C'est alors davantage leur pratique régulière que les résultats obtenus (ou non) qui sont déterminants. En particulier, la focalisation de l'énergie psychique, la diminution des ruminations mentales, le sentiment d'efficacité personnelle et la sélection de l'attention, tous présents dans la pensée positive appliquée, sont considérés par la psychologie positive comme de solides charpentiers du bonheur.

Focalisation de l'énergie psychique

Certains psychologues pensent que nous avons hérité d'un « cerveau catastrophique ». Non pas qu'il se délecte de catastrophes, mais qu'il est spécialement programmé pour faire face aux dangers ! L'argument est simple : parmi nos lointains ancêtres, ceux qui savaient anticiper et porter leur attention sur les dangers ont augmenté leurs chances de survie et donc de transmettre leurs gènes aux générations futures. Être plus sensible aux malheurs potentiels permettait d'y faire face avec plus de succès. D'où la propension actuelle de certains à se faire des soucis et à détecter des menaces un peu partout.

Sans aller jusque-là, il suffit d'observer le volume de notre boîte crânienne pour constater sa grandeur, voire sa disproportion par rapport aux autres organes du corps. Notre cerveau dispose de centaines de milliards de neurones qui sont spécialisés dans le traitement de l'information. Lorsqu'il n'a pas de tâche captivante à exécuter, en plus de toutes les fonctions automatiques de survie, il a tendance à cogiter à vide, c'est-à-dire à se faire du souci et à ressasser les problèmes auxquels il est confronté. L'évolution a certes rendu notre système nerveux capable de répondre adéquatement à toutes sortes de signaux extérieurs, mais il semble qu'il ne soit pas adapté à de longs intervalles dénués d'obstacles ou de dangers.

Lorsqu'il n'y a pas d'objectifs précis à atteindre, l'énergie psychique a tendance à se disperser et à se perdre en futilités qui ont tôt fait d'assombrir l'humeur. Laissé à lui-même, c'est un peu comme si l'esprit fonctionnait sans ordre: des pensées surgissent au hasard au lieu de s'organiser en séquences logiques. Reprenant un terme de la physique signifiant le désordre, on pourrait parler, à l'instar du psychologue positif Mihaly Csikszentmihalyi, d'entropie psychique.

Chacun a déjà pu faire cette expérience: n'avoir aucune tâche à accomplir et commencer à se faire du souci, en particulier durant les phases d'insomnie. En revanche, lorsqu'on s'adonne à des activités qui captent notre attention, l'énergie psychique qu'exigerait la rumination se trouve déjà exploitée, donc indisponible.

Or, il se trouve que les visualisations et les autosuggestions sont un excellent exercice de concentration. En d'autres termes, lorsque nous visualisons des scènes dans notre esprit, nous occupons toute notre attention et nous cessons de nous faire du souci. C'est donc moins le contenu ou le résultat des visualisations qui importent que le moment durant lequel l'énergie psychique est utilisée de manière ciblée. Visualiser est une tâche exigeante…

Pratiquer des visualisations ou des formulations positives est donc un bel antidote à la déprime et à l'anxiété, ainsi qu'un exhausteur d'humeur non négligeable, au même titre que d'autres activités prenantes (les passe-temps par exemple).

Anti-ressassement

La dépression est accompagnée, si ce n'est provoquée, par une vision pessimiste de la réalité et une tendance à ruminer les soucis. Les psychologues positifs encouragent donc les activités capables de bloquer les boucles mentales de ressassement. Parmi elles, toutes les activités suffisamment passionnantes et représentant un défi à nos yeux, exigeant toute notre attention, sont à privilégier, car elles déclenchent un état particulier dans lequel nos préoccupations disparaissent en même temps que la perception du temps est altérée (on ne voit plus le temps passer). Ces états particuliers sont appelés expériences optimales ou flux.

Pour ne pas ressasser nos soucis, nous pouvons donc nous adonner à des activités prenantes et exigeantes. Il existe cependant un autre chemin pour arriver à désamorcer la rumination psychique, de plus en plus utilisé en psychothérapie: la *pleine conscience* (*mindfullness,* en anglais). Empruntant des pratiques et des exercices à des traditions orientales telles le zen ou le vipasana, les psychologues positifs encouragent la méditation de la pleine conscience : il s'agit d'habiter son corps, de rester dans l'instant présent, de se placer dans l'espace entre les pensées. Donc à vivre le moment plutôt que de le penser et, pour ce faire, de considérer les pensées comme des productions du psychisme et non comme la réalité elle-même. Ainsi, il devient possible de ne plus adhérer aux pensées, de les laisser filer comme elles sont apparues, un peu comme des nuages que l'on observe se déplacer dans le ciel.

La méditation peut aussi s'effectuer en focalisant l'attention psychique sur un son ou une image, afin qu'elle ne se disperse pas.

Les formules d'autosuggestion et les visualisations positives, telles des mantras, font très bien l'affaire comme support de méditation. Du moment qu'elles captent les pensées et en ralentissent la production désordonnée, elles contribuent à la paix de l'esprit et contrent la propension au ressassement.

Ces pratiques contribuent en conséquence à notre bien-être, même si la cause est davantage à rechercher du côté de leur action dans le présent que de leurs possibles effets à long terme.

Sentiment d'efficacité personnelle

En plus de ses contributions à la psychologie positive, Martin Seligman est connu pour avoir élaboré le concept d'impuissance ou résignation apprise. Le phénomène est observable aussi chez les animaux. Lorsqu'on envoie des décharges électriques dans le sol d'une cage où sont placés des rats, ceux-ci finissent par ne plus essayer de s'enfuir et d'éviter la douleur après un certain nombre de vaines tentatives. C'est comme s'ils avaient saisi que, peu importent leurs efforts, ils allaient tout de même devoir endurer les décharges. Ils se laissent alors aller à l'impuissance…

De même, une personne persuadée de n'avoir aucune influence sur le monde extérieur finit par se résigner. À quoi bon fournir des efforts si cela ne sert à rien ? À force d'accumuler les déconvenues, elle se convainc qu'elle ne peut rien y changer et elle en vient à ne plus pouvoir faire de liens entre ce qu'elle fait et ce qui survient. La déprime et la perte de motivation s'invitent alors…

Les pédagogues connaissent bien le phénomène et ses conséquences. Un élève qui attribue ses mauvais résultats à des facteurs personnels et stables (« de toute façon, je suis nul ! ») perd espoir et cesse de travailler, car tous ses efforts n'y changeraient rien. Il se résigne.

Penser que nous n'avons aucun pouvoir sur le monde incite à la résignation acquise, contrairement aux apprentissages et aux expériences qui confirment que nous avons effectivement une influence sur la réalité, certes limitée, mais bel et bien avérée.

Les théories qui soutiennent la Loi d'attraction et la pensée positive affirment justement que nous avons un pouvoir sur le monde et que nous pouvons influencer la réalité dans le sens de nos visualisations. En conséquence, une telle croyance peut contrer l'impuissance acquise, en plus de dynamiser l'espérance, notamment quant à un futur meilleur. Elle est donc favorable au bonheur.

Sélection de l'attention

La réalité est composée d'un nombre incalculable d'événements. Il nous est impossible de tous les prendre en considération : nous sommes contraints d'opérer des sélections et des filtrages. Notre cerveau lui-même est programmé pour retenir certains stimuli (les plus extraordinaires, au sens propre du terme) et en négliger d'autres. C'est ainsi que l'on oublie le bruit du ventilateur qui tourne dans la pièce après quelques minutes de ronronnement.

Certaines personnes sélectionnent de façon privilégiée, sans même s'en rendre compte, les informations négatives. Elles en viennent à penser que la réalité est surtout composée d'éléments négatifs, commettant ainsi la même erreur que le téléspectateur s'abreuvant de nouvelles télévisées et, de ce fait, est persuadé que le monde va aussi mal que vu à l'écran.

La psychologie positive affirme que le bonheur est en lien direct avec notre capacité à sélectionner les informations et à les interpréter positivement. Lucie Mandeville, de l'Université de Sherbrooke (Canada), en fait même une équation[9] :

$$B = SA + IP$$

Le bonheur (B) résulte de la sélection volontaire de l'attention (SA) à des éléments plutôt agréables et de l'interprétation positive (IP) de ce qui arrive. Autrement dit, est heureux celui qui, d'une part, sait diriger son attention sur ce qui est beau et constructif plutôt que de la focaliser sur ce qui est problématique et dramatique et, d'autre

[9] Lucie Mandeville, *Le bonheur extraordinaire des gens ordinaires,* Les Éditions de l'Homme, 2010, p. 211.

part, a pris l'habitude de donner des interprétations positives aux événements rencontrés.

Les visualisations et les formulations positives servent à la fois à la sélection de l'attention et aux interprétations positives. Ceux qui les pratiquent régulièrement s'habituent à braquer le projecteur de leur conscience sur ce qu'ils souhaitent obtenir, donc des choses positives. De plus, les partisans de la pensée positive recherchent généralement des interprétations plutôt favorables à ce qui arrive, en accord avec leurs visées.

Par exemple, celui qui cherche l'âme sœur et utilise la pensée positive à cette fin interprétera volontiers ce qui survient dans ce sens : une sortie au cinéma, une soirée entre amis ou une balade en forêt sont décodées comme autant d'occasions de rencontrer un partenaire potentiel.

Ainsi, en nous permettant de focaliser notre attention sur des éléments agréables, la pensée positive contribue effectivement à nous rendre plus heureux.

Conclusion

« Il est rare qu'un bonheur vienne justement se poser sur le désir qui l'avait réclamé; »
Proust

Le bonheur, affirment les psychologues positifs, ne résulte pas uniquement de la réalisation des désirs. Certes, la joie et d'autres émotions agréables accompagnent les moments où nos envies sont satisfaites et ces ressentis sont constitutifs du sentiment global de bien-être. Mais ces émotions – comme toute émotion du reste – ne durent pas.

De plus, nous nous adaptons très rapidement à ce que nous venons d'obtenir : une nouvelle voiture, un emploi mieux rémunéré, la santé recouvrée, un partenaire amoureux, etc., de sorte que cela devient un acquis. De privilèges sources de joie, ces désirs réalisés se transforment en mode de vie habituel. Au lieu de nous satisfaire, ils ont plutôt tendance à élever notre niveau d'exigence et à amorcer d'autres désirs encore plus impérieux. Celui qui n'a pas de travail rêve d'un salaire annuel de 25 000,00 €, celui qui gagne 25 000,00 € vise les 50 000, et ainsi de suite.

Le bonheur n'est donc pas au rendez-vous de la satisfaction de nos désirs. Il semble plutôt fleurir de l'appréciation de ce que nous avons déjà, ainsi que le clamait déjà le philosophe Épicure : *« Le sage ne s'afflige pas de ce qu'il ne possède pas, mais se réjouit de ce qu'il possède. »* Et il est vrai que, quelles que soient nos conditions d'existence, nous sommes privilégiés, ne serait-ce que par le fait d'être en vie. L'esprit de gratitude charpente en ce sens davantage le bonheur que les visualisations et autres formulations préconisées par la pensée positive.

Une autre découverte de la psychologie positive quant au bonheur tient dans le rôle des événements. Il apparaît que ceux-ci exercent une influence ténue sur notre bien-être, comparée à celle de notre état d'esprit. C'est bien plus notre façon d'envisager les événements que le contenu de ceux-ci qui déterminent notre bonheur. On connaît tous des individus malmenés par la vie et abonnés aux coups durs qui ont, malgré, tout su garder leur joie de vivre.

La Loi d'attraction et la pensée positive servent à la satisfaction de nos envies en mobilisant notre psychisme sur les aspects positifs de l'existence. En ce sens, elles contribuent à notre bonheur non pas tant en nous procurant ce que nous désirons, mais en focalisant notre attention sur des choses agréables. Le processus compte davantage que le résultat quand il s'agit de bien-être.

Visualiser et répéter des formules positives peut augmenter notre bonheur. Ce qui l'accroît encore plus efficacement et durablement est la pratique de l'optimisme, de la gratitude, de la générosité et l'appréciation des petits plaisirs de la vie. Tels sont les secrets révélés par la psychologie positive.

Références des études mentionnées

P. 27 : Pensée positive et estime de soi : Jordi Quoidbach, *Pourquoi les gens heureux vivent-ils plus longtemps?* Dunod, 2010, pp. 164-166.

P. 42 : Revenus et satisfaction : Quoidbach, op.cit., pp. 69-76.

P. 44 : Études Américains : Sonja Lyubomirsky, *Comment être heureux… et le rester,* Flammarion, 2008, p. 51.

P. 45 : Gagnants au loto : Christophe André, *Vivre heureux, Psychologie du bonheur,* Odile Jacob, 2003, p. 95.

P. 49 : Vie de couple et bonheur : Quoidbach, op.cit., pp. 117-120.

P. 49 : Enfants et bonheur : André, op.cit., pp. 117.

P. 51 : Rapport positif/négatif : Quoidbach, op.cit., pp. 18-23.

P. 52 : Bonheur et amitié : Quoidbach, op.cit., pp. 123-125.

P. 54 : Sourire et bonheur : Quoidbach, op.cit., pp. 54-55 et 172-175.

P. 55 : Adaptation et santé : Quoidbach, op.cit., pp. 80-83.

P. 56 : Croissance post-traumatique : Lucie Mandeville, *Le bonheur extraordinaire des gens ordinaires,* Les Éditions de l'Homme, 2010, p. 112.

P. 63 : Génétique du bonheur : Quoidbach, op.cit., pp. 109-117.

P. 64 : Gratitude : Lyubomirsky, op.cit., pp. 98-110.

P. 67 : Générosité, Lyubomirsky, op.cit., pp. 135-148.

P. 74 : Flux au travail : Mihaly Csikszentmihalyi, *Vivre, la psychologie du bonheur,* Pocket Évolution, 2007, p. 209-227.

P. 78 : Optimisme et pensée positive : Martin Seligman, *La force de l'optimisme,* InterÉditions, 2008, p. 20-21.

La collection « Psychologie Positive »

On connaît la boutade: *« La pratique, c'est quand ça marche et que personne ne sait pourquoi. La théorie, c'est quand ça ne marche pas et que tout le monde sait pourquoi »*... dont voici la conclusion, souvent affichée dans les bureaux: *« Chez nous, nous allions théorie et pratique: rien ne marche et personne ne sait pourquoi! »*

En psychologie positive, comme chez Jouvence du reste, *« tout marche et tout le monde sait pourquoi! »* Voilà qui invite à concevoir cette méthode comme une étude scientifique et pratique des fondements du bonheur permettant d'optimiser notre aptitude à être heureux.

Les livres portant le logo « Psychologie Positive » développent les grands principes de cette science et nous invitent à « jardiner » notre bonheur en usant des meilleurs « fertilisants » et « semences ». Cela demande travail, patience, confiance et persévérance; puisque le bonheur relève autant de l'art que de la science.

L'essentiel de l'art du bonheur réside dans les sept clés suivantes, thématisées par la Psychologie Positive:

- vivre le positif au passé-présent-futur,
- savourer l'instant présent,
- savoir lâcher prise de ses problèmes,
- témoigner sa gratitude,
- développer ses points forts,
- donner du sens à sa vie,
- oser le partage et la bonté.

« Le vrai bonheur naît de la bonté fondamentale que désire de tout son cœur chaque personne voulant donner du sens à sa vie. » Ces mots de Matthieu Ricard rappellent que l'homme heureux est bon, il donne un cap à sa vie et partage sa joie de vivre avec ses pairs!

Devenez jardinier de votre bonheur!

Psycho positive : mode d'emploi

Monique Borcard-Sacco

La recherche démontre ce que nous savons intuitivement : il existe autant de formules du bonheur qu'il existe d'êtres humains. Avec leur systématisme, les chercheurs ont toutefois réussi à passer au crible les dénominateurs communs.
Ce livre propose des pistes prometteuses et scientifiquement testées… pour développer notre équilibre, notre joie de vivre et notre résistance au stress !

96 pages • 4,95 €

Psychologie positive : le bonheur dans tous ses états

Christophe André, Thomas D'Ansembourg, Isabelle Filliozat, Eric Lambin, Jacques Lecomte, Matthieu Ricard. *Coordonné par Ilios Kotsou et Caroline Lesire.*

De tous les temps et dans toutes les traditions, le chemin vers le bonheur a toujours passionné l'être humain. Produit d'échanges nourrissants entre les auteurs, ce livre nous propose un tour d'horizon depuis les origines de la psychologie positive jusqu'aux aspects les plus spirituels de la recherche du bonheur.

160 pages • 15,20 €

CPi
BLACK PRINT

Achevé d'imprimer par **CPI** (Barcelone)
en mars 2017

Imprimé en Espagne

Dépôt légal : Mars 2012

Ce livre est imprimé par **Black Print CPI** qui assure une stricte application des régles concernant le recyclage et le traitement des déchets, ainsi que la réduction des besoins énergétiques.